BEI GRIN MACHT SICH IHR WISSEN BEZAHLT

- Wir veröffentlichen Ihre Hausarbeit, Bachelor- und Masterarbeit

- Ihr eigenes eBook und Buch - weltweit in allen wichtigen Shops

- Verdienen Sie an jedem Verkauf

Jetzt bei www.GRIN.com hochladen und kostenlos publizieren

Bibliografische Information der Deutschen Nationalbibliothek:

Die Deutsche Bibliothek verzeichnet diese Publikation in der Deutschen Nationalbibliografie; detaillierte bibliografische Daten sind im Internet über http://dnb.d-nb.de/ abrufbar.

Dieses Werk sowie alle darin enthaltenen einzelnen Beiträge und Abbildungen sind urheberrechtlich geschützt. Jede Verwertung, die nicht ausdrücklich vom Urheberrechtsschutz zugelassen ist, bedarf der vorherigen Zustimmung des Verlages. Das gilt insbesondere für Vervielfältigungen, Bearbeitungen, Übersetzungen, Mikroverfilmungen, Auswertungen durch Datenbanken und für die Einspeicherung und Verarbeitung in elektronische Systeme. Alle Rechte, auch die des auszugsweisen Nachdrucks, der fotomechanischen Wiedergabe (einschließlich Mikrokopie) sowie der Auswertung durch Datenbanken oder ähnliche Einrichtungen, vorbehalten.

Impressum:

Copyright © 2017 GRIN Verlag, Open Publishing GmbH
Druck und Bindung: Books on Demand GmbH, Norderstedt Germany
ISBN: 9783668482173

Dieses Buch bei GRIN:

http://www.grin.com/de/e-book/369354/zur-bedeutung-neuer-medien-fuer-die-entwicklungsaufgaben-der-kindheit-und

Anonym

Zur Bedeutung neuer Medien für die Entwicklungsaufgaben der Kindheit und Jugend

GRIN Verlag

GRIN - Your knowledge has value

Der GRIN Verlag publiziert seit 1998 wissenschaftliche Arbeiten von Studenten, Hochschullehrern und anderen Akademikern als eBook und gedrucktes Buch. Die Verlagswebsite www.grin.com ist die ideale Plattform zur Veröffentlichung von Hausarbeiten, Abschlussarbeiten, wissenschaftlichen Aufsätzen, Dissertationen und Fachbüchern.

Besuchen Sie uns im Internet:

http://www.grin.com/

http://www.facebook.com/grincom

http://www.twitter.com/grin_com

Inhaltsverzeichnis

Inhaltsverzeichnis 1

1) Einleitung 2

2) Die Sozialisation und Identitätsentwicklung nach dem Modell der produktive Realitätsverarbeitung 3

3) Die Bedeutung und Risiken des Fernsehers für Entwicklungsaufgaben der mittleren Kindheit 6

4) Funktion von Stereotypen in audiovisuellen Medien 8

5) Die vier Entwicklungsaufgaben in der Jugendphase 10

    5.1. Ein Einblick in die JIM-Studie 2016 zum Medienkonsum der Jugendlichen ... 11

    5.2 Die Bedeutung von „Whatsapp" und „YouTube", in der Jugendphase 12

6) Schlussfolgerung 14

Literaturverzeichnis 15

1) Einleitung

Individuen unterlaufen innerhalb ihres Lebenslaufes entwicklungsbezogene Stadien, welche sie bewältigen müssen. Diese Entwicklungs- oder auch Lernaufgaben müssen gemeistert werden, um ein vollwertiges, sowie zufriedenes Mitglied in der Gesellschaft zu werden. Vor allem in der Kindheit und Jugend werden dafür neue Medien herangezogen.

Die Internetnutzung und das Fernsehen gehören in der heutigen Zeit zu einem unverzichtbaren Bestandteil jedes Haushaltes. Heranwachsende bedienen sich an Medien, um ihre Freizeit zu gestalten, Freundschaften zu pflegen oder, um Anregungen für ihre Handlungsmuster zu erhalten. So wird das Verhalten der Medienfiguren als Orientierung oder aber zur Reflexion des eigenen Handels genutzt. Medieninhalte bieten auch Anlässe für Gesprächsthemen innerhalb der Peer-Group, was vor allem für die interne Bindung bedeutsam ist. So handeln Gesprächsthemen oft über neuste Musikvideos, Computerspiele oder Mode- oder Beautytrends.

Diese Arbeit verfolgt das Ziel zu untersuchen, welche Bedeutung neue Medien für die Bewältigung der Entwicklungsaufgaben in der Kindheit und Jugend haben können. Dabei wird auf Grund der Relevanz das Medium Fernsehen, Smartphone sowie Smartphone-Dienste wie, „Whatsapp" und „YouTube" näher betrachtet. Im Anbetracht dessen wird These aufgestellt, dass neue Medien, aber vor allem das Medium Fernsehen durch die mannigfaltigen Darstellungen an Rollen-, Berufs-, sowie Geschlechtsbilder bereichernd für die Entwicklungsthemen sein können.

Klaus Hurrelmann stellt im Rahmen seines Modells der produktiven Realitätsverarbeitung, den Sozialisationsprozess und die Identitätsbildung des Individuums dar, welches im nachfolgenden Kapitel näher Erläutert wird.

2) Die Sozialisation und Identitätsentwicklung nach dem Modell der produktive Realitätsverarbeitung

Klaus Hurrelmann stellt in seinem Modell der produktiven Realitätsverarbeitung das Wechselverhältnis zwischen Individuum und Gesellschaft dar. Dabei ist das Individuum kein passives Wesen, was die gesellschaftlichen Werte und Normen aufnimmt, sondern ein produktiver Gestalter seiner Sozialisation und Entwicklung.

Hurrelmann definiert Sozialisation als einen lebenslangen Prozess der Persönlichkeitsentwicklung, in welcher Umweltangebote produktiv und autonom angeeignet werden (Hurrelmann 2012, S. 54, Abels/König 2016, S.176). Die Persönlichkeitsentwicklung vollzieht sich nach dem Modell der produktiven Realitätsverarbeitung, neben der permanenten Auseinandersetzung des Individuums mit seiner Umwelt, ebenso durch die lebenslängliche Arbeit an sich selbst. Persönlichkeit wird hierbei definiert als „die individuell spezifische und einmalige Struktur von körperlichen und psychischen Merkmalen, Eigenschaften und Dispositionen[...]" (Hurrelmann 2013, S.88; zit. nach Abels/König S.178). Die Persönlichkeitsentwicklung bezeichnet somit den Wandel dieser Eigenschaften im Lebenslauf, aber auch den Prozess der aktiven- und produktiven Verarbeitung der inneren- und äußeren Realität (vgl. Hurrelmann 2012, S.54).

Die >innere Realität< setzt sich zusammen aus den biologischen Anlagen also wie z.B. der., „genetischen Veranlagung, körperlichen Konstitution, Intelligenz, dem psychischen Temperament und der Grundstruktur der Persönlichkeit" (Hurrelmann/Bauer 2015, S.100, d.- Verf.). Die >äußere Realität< beschreibt das Gebilde der Gesellschaft bzw. die Gegebenheiten der Umwelt. Dazu zählen neben dem sozialen Binnenraum des Individuums, ebenso die Bildungs- und Erziehungsinstanzen, die Erwerbsstätte, die Angebote aus dem Medien- und Freizeit Sektor, Umweltfaktoren, sowie die materiellen Ressourcen die dem Heranwachsenden zur Verfügung stehen (Hurrelmann/Bauer 2015, S.99f).

Auch ist von Sozialisation zu sprechen, wenn das Individuum durch die Bewältigung seiner Entwicklungsaufgaben am gesellschaftlichen Leben teilhaben kann. Als Entwicklungsaufgaben werden alle altersspezifischen Anforderungen definiert, welche das Individuum meistern muss, um ein vollwertiges, sowie zufriedenes Mitglied in der Gesellschaft zu werden (vgl. Hurrelmann/Gudrun 2016, S.26).

In der Kindheit bestehen die wesentlichen Entwicklungsaufgaben darin, sich emotional an seine Umwelt zu binden, die Sprache zu erlernen und geistige sowie motorische Fertigkeiten auszubilden. Die Verarbeitung der inneren und äußeren Realität geschieht im Kindesalter noch unbewusst und ohne Reflexion des Selbstbildes (vgl. Hurrelmann/Gudrun 2016, S.36f)

In der Jugendphase bestehen die Entwicklungsaufgaben hauptsächlich darin, die Geschlechterrolle und die gesellschaftliche Mitgliedsrolle immer weiter zu verfestigen (vgl. Hurrelmann 2012, S.58).

Die vier Entwicklungsaufgaben in der Jugendphase sind das Qualifizieren, Binden, Konsumieren und Partizipieren, welche im fünften Kapitel näher erläutert werden. Der Jugendliche entwickelt sich durch die Bewältigung dieser, zu einer autonomen und gesellschaftsfähigen Persönlichkeit.

Der Wunsch nach einer einzigartigen und unverwechselbaren Persönlichkeit (Individuation) stehen im Spannungsverhältnis mit „[...] der Anpassung an die gesellschaftlichen Werte, Normen und Verhaltensstandards, der Übernahme gesellschaftlicher Mitgliedsrollen und der Eingliederung in die sozialen Strukturen der Gesellschaft"(Integration) (Hurrelmann 2012, S.60 - d. Verf.). In der Pubertät besteht ein höheres Verlangen nach Individuation, deshalb wird ist es in dieser Zeit für Jugendliche besonders schwer eine Balance zwischen der Individuation und Integration zu finden (vgl. Hurrelmann 2012, S.60).

Die Individuation geht einher mit dem Aufbau einer Identität, diese definiert Hurrelmann als eine „Kontinuität des Selbsterlebens" (Hurrelmann/Gudrun 2016, S.36) verbunden mit der ständigen Reflexion des Selbstbildes. Identität meint aber auch das „Erleben des Sich-Selbst-Gleichseins" (ebd., S.36). Der Jugendliche muss also trotz unterschiedlicher Anforderungen an sein Handeln, sich über einen längeren Zeitraum hinweg identisch erleben. In wie weit das Spannungsverhältnis zwischen Individuation und Integration ausgeglichen wird, hängt von den personalen- (individuelle

Kompetenzen) und soziale Ressourcen (Unterstützung der sozialen Umwelt) ab, die dem Jugendlichen zur Verfügung stehen (Hurrelmann 2012, S.63). Vor allem im Zusammenhang mit den kritischen Lebensereignissen sind soziale Ressourcen für die Bewältigung bedeutsam.

Werden die Entwicklungsaufgaben von dem Jugendlichen bewältigt und das Spannungsverhältnis von Individuation und Integration in Einklang gebracht, bildet sich die Ich-Identität aus. Die Ich-Identität ist für die weitere Lebensführung unverzichtbar, da sie neben der selbstständigen Handlungsfähigkeit auch für eine gesunde Psyche und Lebensführung notwendig ist (Hurrelmann/Bauer 2016, S.111).

Hurrelmann stellt in seinem Modell anders als in konventionellen Sozialisationstheorien, das Individuum nicht als passives Wesen dar. Er erklärt die Sozialisation als einen lebenslangen Prozess im Zusammenspiel von Mensch und Umwelt. Die Bewältigung der Entwicklungsaufgaben führen zu einer vollständigen Integration in gesellschaftlichen Strukturen und legen den Grundstein einer zufriedenen Lebensführung.

Im weiteren Verlauf werden die Bedeutung und Risiken des Fernsehers im Hinblick auf die Entwicklungsaufgaben der Kindheit herausgestellt.

3) Die Bedeutung und Risiken des Fernsehers für Entwicklungsaufgaben der mittleren Kindheit

In diesem Kapitel werden Medien im Hinblick auf ihre Bedeutung sowie Risiken für die Entwicklungsaufgaben im Kindesalter betrachtet.

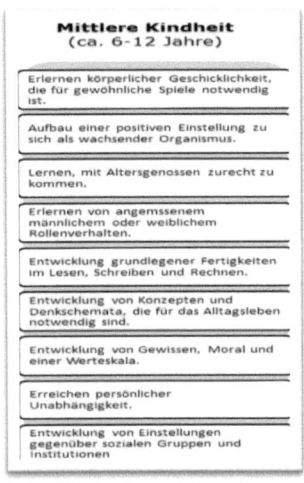

Oerther und Dreher (2002) haben die zu bewältigenden Entwicklungsaufgaben der mittleren Kindheit tabellarisch dargestellt. Diese müssen in einem Alter von ca.6-12 Jahren, neben der Ausbildung ihrer motorischen Geschicklichkeit auch lernen, ihre körperlichen Veränderungen zu akzeptieren. Geschlechtertypisches Rollenverhalten, sowie die Aneignung der sprachlichen Ausdrucksfähigkeit, gehören ebenso dazu. Das Kind muss wichtige, für den Alltag notwendige Denkmuster, sowie ein Moralverhalten entwickeln. Die Ausbildung zu einer unabhängigen Persönlichkeit, sowie eine Grundhaltung gegenüber sozialen Gruppen und den gesellschaftlichen Institutionen werden ebenso entwickelt (vgl. Süss/ Lampert u.a. 2013, S.49).

Um die oben genannten Entwicklungsaufgaben zu bewältigen, ist es für das Kind essentiell Primärerfahrungen [1] durch Interaktion mit gleichaltrigen Kindern zu gewinnen. Der Fernseher übermittelt durch seine Inhalte Sekundärerfahrungen[2] also „das Leben aus zweiter Hand" (Süss/Lampert u.a. 2013, S.22). Im Falle eines übermäßigen Fernsehkonsums, würden Erfahrungen oder Kompetenzen, welche Kinder primär durch spielerische Aktivitäten gewinnen, vernachlässigt werden. Beispielsweise wird, die motorische Geschicklichkeit, das Selbstvertrauen, die Kreativität oder das soziale Denk- und Handlungsvermögen durch alltägliche Spielaktivitäten erworben (vgl. BZgA 2017).

---

[1] Erfahrungen welche das Individuum durch die Interaktion mit seiner sozialen Umwelt erfährt.
[2] Erfahrungen, welche visuell durch Fernseherprogramme vorgelebt, und vermittelt werden.

Die KIM-Studie 2014 gibt an, dass 55% der Mädchen sowie 52% der Jungen sich in ihrer Freizeit am liebsten mit ihren Freunden treffen. Und nur 31% dieser, geben fernsehen als ihre Lieblings-Freizeitbeschäftigung an (vgl. KIM-Studie 2014, S.15). Demnach ist die Anzahl der Kinder, welche ihre Erfahrungen aus der Interaktion mit Freunden gewinnen, höher als jene durch mediale Erfahrung.

Medieninhalte bieten den Kindern ein zahlreiches Repertoire an Modellen, welche hauptsächlich zur Orientierung, sowie Reflexion des eigenen Verhaltens dienen (vgl. Weber 2015, S.115). Um Entscheidungen erfolgreich fällen zu können, ist der Mensch auf Orientierung angewiesen. Orientierung ist hierbei als ein Prozess zu verstehen, welcher bedeutsam für das „Fühlen, Denken und Handeln" (Fleischer/Grebe 2014, S.155) ist. Sie bieten zum einen Anregungen, um die Weltanschauung zu gestalten, aber auch für verschiedene Lebensmodelle, Handlungsmöglichkeiten sowie Rollenmuster. Gerade im Hinblick auf die kritischen Lebensereignisse können Medien ein wichtiger Stützpunkt sein. So können Sie bei vorhanden Problemen zur Hilfe herangezogen werden (ebd., S.159).

Das Medium Fernsehen kann sowohl positive, als auch negative Folgen für die Entwicklungsaufgaben der Kinder haben. Ein intensiver Fernsehkonsum kann sich vor allem negativ auf die Ausbildung der motorischen Geschicklichkeit, sowie das soziale Denk- und Handlungsvermögen auswirken. Jedoch bietet vor allem der Fernseher durch seine Vielseitigkeit, ein reichhaltiges Angebot an Modellen, welche als Leitmedium für das eigene Handeln genutzt werden können.

Im nächsten Kapitel werden Fernsehinhalte im Hinblick die stereotypischen Darstellungen betrachtet.

4) Funktion von Stereotypen in audiovisuellen Medien

Kinder und Jugendliche orientieren sich durch Medienfiguren, um sich Geschlechterrollen und Rollenverständnisse, im Kontext der Gesellschaft anzueignen (vgl. Fleischer/Grebe 2014, S.159). Medien präsentieren zahlreiche Modelle, die einen wichtigen Beitrag zur Identitätsarbeit der Kinder und Jugendliche leisten Die Ausbildung einer Geschlechteridentität gehört vor allem in der Jugendphase zu einer der wichtigsten Entwicklungsaufgaben. (vgl. Flimmo, Götz 2013, S.59).

Medienfiguren werden im Fernsehen durch stereotypisierte Charaktereigenschaften als, typisch' weiblich oder, typisch' männlich dargestellt, so sind weibliche Figuren weniger energisch oder lautstark als männliche Figuren. In Zeichentrickserien übernehmen weibliche Figuren weniger verantwortungsvolle Positionen als männliche. Auch werden Sie als emotional und fürsorglich dargestellt, jedoch zur gleichen Zeit als hilfebedürftig und schwach (vgl. Götz 2014a, S.92). Heranwachsende nutzen diese stereotypischen Merkmale, um ihr eigenes Handeln durch die Taten der Figuren zu legitimieren oder zu hinterfragen. Dabei werden bestimmte stereotypische Verhaltensweisen auch zum Teil des eigenen Verhaltens gemacht, um sich als Mädchen oder Junge zu identifizieren (vgl. Götz 2013, S.61, Götz 2014b, S.113). Besonders bestätigt fühlt sich die entwickelnde Person in seinem/ihrem Handeln, wenn dargestellte Situationen ihre Erfahrungswelt widerspiegeln (vgl. Flimmo, Götz 2013, S.59).

Allerdings stellen Medien nicht nur stereotypische Rollenbilder dar, sondern präsentieren die verschiedenen Umsetzungsmöglichkeiten der konventionellen Rollenentwürfe. So kann der Jugendliche z.B., lernen, wie die Rolle der Hausfrau individuell gestaltet und zudem mit anderen sozialen Rollen kombiniert werden kann (vgl. Weber 2015, S.20).

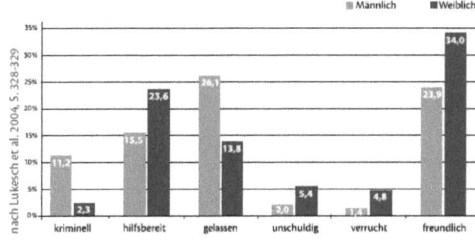

Abb. 1: Ausgewählte Persönlichkeitseigenschaften fiktionaler Personen (in %, Auswahl)

Lukesch (2004) zeigt in einem Säulendiagramm die Persönlichkeitseigenschaften der fiktionalen Figuren nach Geschlecht. Daraus geht hervor, dass weibliche Figuren in Eigenschaften wie Hilfsbereitschaft, Freundlichkeit, Verruchtheit sowie Unschuld den männlichen Charakteren deutlich überlegen sind. Charakterzüge wie Kriminalität und Gelassenheit dominieren hingegen bei männlichen Figuren (vgl. Vom-Orde 2013, S.11).

Bei dem Diagramm werden jedoch konventionelle Rollenbilder präsentiert, welche nicht zwangsläufig die realen Charaktereigenschaften wiederspiegeln.

Zusammenfassend wurden in diesem Kapitel die stereotypischen Charaktereigenschaften in Zeichentrickserien dargestellt. Stereotypen bieten Kindern und Jugendlichen eine Orientierung, um daraus Verhaltensnormen und Rollenbilder abzuleiten.

Im weiteren Verlauf werden Funktionen von Smartphone-Diensten im Hinblick auf die Bewältigung der Entwicklungsaufgaben in der Jugendphase näher betrachtet.

5) Die vier Entwicklungsaufgaben in der Jugendphase

In der Jugendphase müssen spezifische Entwicklungsaufgaben bewältigt werden, um sich als autonome Persönlichkeit in die gesellschaftlichen Strukturen zu integrieren.

Die vier Entwicklungsaufgaben im Jugendalter sind: das Qualifizieren, das Binden, das Konsumieren und das Partizipieren. Zum einen beschreiben sie die Forderungs- und Erwartungsansprüche, die an das Verhalten des Individuums gestellt werden. Zum anderen beziehen sie sich auf Entwicklungsmuster, welche notwendig für eine Teilhabe am gesellschaftlichen Leben sind.

Bei der Dimension des >Qualifizieren< geht es um die Entwicklung der sozialen, sowie kognitiven Kompetenzen des Jugendlichen. Diese benötigt er/sie, um selbstverantwortlich in Bezug auf Ausbildung und Beruf zu agieren. Diese Kompetenz wird für eine erfolgreiche Schullaufbahn vorausgesetzt, da dabei die Eigenständigkeit in Bezug auf die Leistungs- und Sozialanforderungen angeeignet wird. Ziel ist es, den Jugendlichen auf sein/ihr Berufsleben vorzubereiten.

Die nächste Dimension >Binden<, fordert die Auseinandersetzung mit der eigenen sexuellen -Identität, -Bedürfnissen und seiner physikalischen Entwicklung bzw. Veränderung. Darüber hinaus soll die emotionale Bindung zu den Eltern losgelöst und eine Partnerschaft eingegangen werden, die der persönlichen sexuellen Orientierung entspricht. Der Jugendliche soll durch die emotionale Ablösung der Eltern, eine Bindung zu Freunden aufbauen und eine intime Liebesbeziehung eingehen. Diese Kompetenz fördert die notwendige Basis zur Familiengründung (vgl. Hurrelmann/Gudrun 2016, S.26ff.).

In der vorletzten Entwicklungsaufgabe des >Konsumieren< lernt der Jugendliche bewusst und bedürfnisorientiert mit Konsum- und Verbrauchsgüter (Genussmittel, Medien, Nahrung) umzugehen. Diese Fähigkeiten verhelfen dem Individuum zur Erholung seiner psychischen, sowie physischen Kräfte und beugen ein Suchtverhalten vor.

Ziel ist es, dass der Jugendliche selbstständig und bedürfnisorientiert mit Angeboten aus den Bereichen der Wirtschaft, Freizeit und Medien umzugehen lernt. Dabei eignet sich der Jugendliche auch einen verantwortungsvollen Umgang mit seinen finanziellen

Ressourcen an. Wird diese Kompetenz erworben ist er/sie dazu fähig, einen selbstständigen Haushalt zu führen, sowie Kultur- und Freizeitangebote für sich Vorteilhaft zu nutzen (vgl. Hurrelmann/Gudrun 2016, S.26ff.).

In der letzten Dimension der >Partizipation< lernt der Jugendliche, sich in gesellschaftlich politisch- und moralische Strukturen einzufügen und dabei ein für sich stimmiges Werte- und Moralsystem aufzubauen. Hierbei lernt der Jugendliche die Fähigkeit, sich aktiv am gesellschaftlichen Leben zu beteiligen. Bei erfolgreicher Erfüllung dieser Dimension ist der Jugendliche dazu in der Lage, eigene Bedürfnisse und Anliegen und Interessen gegenüber seinen Mitmenschen auszusprechen. Die aktive Teilnahme an den gesellschaftlichen Prozessen tragen zu einer „Selbststeuerungsfähigkeit der Gesellschaft ebenso wie zu ihrem sozialen Zusammenhalt (Kohäsion)" (Hurrelmann/Gudrun 2016, S.28-Hervorh.i. O) bei.

Bei erfolgreicher Umsetzung der vier Entwicklungsaufgaben ist die Voraussetzung gegeben eine individuelle Persönlichkeit und die Ich-Identität zu entfalten. Werden die vier Entwicklungskompetenzen erfüllt ist der Jugendliche dazu in der Lage, sich aktiv am sozialen Leben zu beteiligen, seine Rolle innerhalb der Gesellschaft einzunehmen und so seine soziale Identität aufzubauen (vgl. Hurrelmann/Gudrun 2016, S.26ff.).

5.1. Ein Einblick in die JIM-Studie 2016 zum Medienkonsum der Jugendlichen

Laut der JIM-Studie 2016, besitzen 98% [3] der 12-19-Jährigen einen Smartphone. Dabei geben 64% der Befragten Jugendlichen, „YouTube" als Lieblingsbeschäftigung im Netz an. Gefolgt vom Kommunikationsdienst „Whatsapp", welche 41% der befragten als Lieblingsangebot, jedoch als wichtigste App auf dem Smartphone Angaben. Das Internet wird hauptsächlich zu Kommunikations- (41%), sowie zu Unterhaltungszwecken (29%) genutzt. Auffällig ist dabei, dass die Anzahl der Mädchen, welche „Whatsapp" nutzen mit 51% höher ist, als die männlichen Nutzer mit 32% (vgl. JIM-Studie 2016, S.30ff). Zurückgeführt werden kann dies, auf die konventionelle weibliche Geschlechterrolle, die mit einem höheren Kommunikations- Bedürfnis, sowie -fähigkeit assoziiert wird (vgl. Döring 2015, S.15).

---

[3] n=1200 Basis aller befragten Jugendlichen

5.2 Die Bedeutung von „Whatsapp" und „YouTube", in der Jugendphase

Die Entwicklungsaufgabe >Binden< geht in der Adoleszenz mit der Loslösung vom Elternhaus und der Zuwendung zur Peer-Group [4] oder einer Liebesbeziehung einher (vgl. Hurrelmann/Gudrun 2016, S.27).

Zur Vernetzung mit den Freunden eignen sich Kommunikationsdienste wie „Whatsapp" besonders. Denn diese ermöglichen einen ungestörten Informationsaustausch, trotz räumlicher Distanz. So können z.b. Auseinandersetzungen mit den Eltern oder aktuelle Ereignisse, den Freunden sofort per Sprachnachricht oder Schreibfunktion mitgeteilt werden. Zudem schafft „Whatsapp" einen Raum, innerhalb welcher sich Freunde mit Ratschlägen zur Seite stehen können (vgl. Döring 2015, S.13).

Die Videoplattform „YouTube", bietet bei der Auseinandersetzung mit verschiedenen Identitätskonstruktionen ein vielseitiges Repertoire an Modellen an. Darüber hinaus, bietet die Plattform Raum zur Selbstdarstellung. So haben Jugendliche durch die Erstellung eines YouTube-Accounts die Möglichkeit, ihre persönlichen Videos hochzuladen. Zuschauer können durch positive oder negative Kommentare, sowie Likes oder Dislikes, die Produzenten in ihrer Selbstdarstellung bestätigen oder ablehnen (vgl. Hojak/Zerbin 2015, S.65).

Ausgehend von der JIM-Studie 2016 schauen 55% der befragten Jugendlichen mehrmals die Woche Musikvideos auf YouTube (vgl. JIM-Studie 2016, S. 39). Musik bietet neben seiner Stimmungsregulierenden Funktion, auch einen Rückzugsraum für Jugendliche. Interpreten drücken durch ihre Songtexte, Gefühle und Gedanken aus, mit welchen sich die Jugendlichen identifizieren, oder aber sich von ihnen abgrenzen (vgl. Hajok 2013, S.8f). Musikalische Inhalte dienen den Jugendlichen zur Identifikation mit einer sozialen Gruppe, lässt sie ein Teil dieser werden und bietet ihnen Unterstützung bei der Identitätsfindung (vgl. Hajok, 2013, S.8f).

In Anbetracht der Entwicklungsaufgaben Qualifizieren, Konsumiere, Binden, bietet „YouTube" vielerlei Hilfestellungen.

---

[4] Als Peer-Group werden gleichaltrige Freunde oder die Clique des Jugendlichen bezeichnet.

So können Beispielsweise Mathematik Lernvideos als Unterstützung genutzt werden, um Defizite auszugleichen. Einige „YouTube" Produzenten veröffentlichen auch Ratgeber-Videos zum Thema Ernährung und Fitness, teilen aber auch ihre Erfahrungen im Umgang mit Genussmitteln wie, Alkohol und Drogen. Videos zum Thema Sex(ualität), Liebe und Freundschaft sind ebenfalls auf der Plattform zu finden, diese Erfahrungen können Jugendliche als Orientierungshilfe für ihr eigenes Handeln nutzen. Außerdem bietet „YouTube" anders als herkömmlichen Massenmedien, auch Anregungen für homosexuelle oder transsexuelle Rollenbilder (vgl. Döring 2015, S.23). Heranwachsenden fällt es oftmals schwer mit ihren Eltern über intime Themen zu sprechen, daher eignen sich solche Videos besonders als Ratgeber zu Entwicklungsthemen. Einige Produzenten teilen ihre Schicksale in Bezug auf einem kritischen Lebensereignis (Krankheit, Tod der Eltern usw.) auf „YouTube". Für Heranwachsende kann dies ermutigend sein, da er/sie sich mit seinem Schicksal nicht alleine fühlt.

In diesem Kapitel wurde die Bedeutung von „Whatsapp" und „YouTube" herausgestellt. Der Kommunikationsdienst „Whatsapp", ist gerade bei Jugendlichen sehr beliebt. Dieser dient zur Vernetzung mit Freunden und wird als privater Raum für Mitteilungen genutzt. Jugendliche haben dort einen Ort, wo sie ungestört und ohne das Beisein eines Erwachsenen kommunizieren können. Auf „YouTube" können Jugendliche vielfältige Anregungen zu ihren Entwicklungsthemen erhalten, oder die Inhalte als Orientierungsquelle nutzen. Vor allem in Bezug auf kritische Lebensereignisse eignen sich Videos zu den Schicksalsschlägen der „YouTuber" besonders.

6) Schlussfolgerung

Ziel dieser Arbeit war es, die Bedeutung des Fernsehers, sowie die der unterhaltungsorientierten Smartphone-Dienste für die Entwicklungsaufgaben von Kindern und Jugendlichen herauszustellen. Der Fokus lag hierbei auf die Anregungen, welche dem Heranwachsenden durch mediale Inhalte geboten werden.

Medieninhalte sind besonders Bedeutsam, da sie Kindern und Jugendlichen Modelle zur Orientierung bieten, welche Beispielsweise nicht im familiären Binnenraum präsent sind. So haben Heranwachsende die Möglichkeit, neben den Rollenmustern, welche ihnen bereits bekannt sind, neue kennenzulernen. Daraus ergibt sich die Möglichkeit, individuelle Rollenmuster für die eigene Persönlichkeit zu gestalten. Auch werden audiovisuelle Medieninhalte zur Reflexion des eigenen Verhaltens genutzt, denn diese können zur Orientierung herangezogen werden und Hilfestellung, in Bezug auf Entwicklungsfragen leisten.

Fernsehinhalte stellen trotz ihrer vielfältigen Modellangebote, oftmals Stereotypen dar. Dem Heranwachsenden wird dadurch ein einseitiges Geschlechterbild vorgeführt was dazu führt, dass klassische Rollenmuster unbewusst übernommen werden.

Durch den Bedeutungszuwachs der Peer-Group gewinnt auch das Smartphone für den Jugendlichen immer mehr an Bedeutung. Denn durch die Nutzung von Smartphone-Diensten, wie „Whatsapp" wird eine unbegrenzte und ungestörte Kommunikation zwischen den Freunden ermöglicht. Die Videoplattform „YouTube" bietet neben ihren musikalischen Inhalten auch Videos zu Themen, wie z.B. Liebe, Sexualität, Genussmittel und Ernährung. In diesen Inhalten vermittelt der Produzent/in seine/ihre Erfahrungen mit dem Konsumenten, wodurch Heranwachsende an Handlungsorientierung zugewinnen können. Gerade für Homosexuelle Jugendliche bietet das Medium Fernsehen wenige Modelle und Orientierungspotenzial, dies ist jedoch auf „YouTube" durch die Vielfalt an Akteuren gegeben.

Literaturverzeichnis

Abels, Heinz/ König, Alexandra (2016 [2]): Sozialisation. Über die Vermittlung von Gesellschaft und Individuum und die Bedingungen von Identität. Wiesbaden: Springer Fachmedien.

Andresen, Sabine/Hurrelmann, Klaus/ Palentien, Christian/ Schröer, Wolfgang (Hrsg.) (2012[10]): Das Modell der produktiven Realitätsverarbeitung. Weinheim und Basel: Beltz Verlag.

Bundeszentrale für gesundheitliche Aufklärung (BZgA) (2017): Spielen – die beste Förderung für Ihr Kind. Zugriff am 28.03.2017. Verfügbar unter: https://www.kindergesundheit-info.de/themen/spielen/hauptsache-spielen/entwicklungsfoerderung.

Böhme-Dürr, Karin (2000). Fernsehen als Ersatzwelt. Zur Realitätsorientierung von Kindern. In: Hoppe-Graff, Siegfried /Örter, Rolf (Hrsg.): Spielen und Fernsehen. Über die Zusammenhänge von Spiel und Medien in der Welt des Kindes. Weinheim und Basel: Juventa.

Döring, Nicola (2015): Smartphones, Sex und Social Media. Erwachsen werden im Digitalzeitalter. In: Wie Jugendliche in Deutschland mit Smartphone, Apps und Social-Media- Plattformen umgehen, 01/2015, S.12-19.

Fleischer, Sandra/ Grebe, Claudia (2014). Entwicklungsaufgaben und kritische Lebensereignisse. In: Tillmann, Angela/ Fleischer, Sandra/Hugger, Kai-Uwe (Hrsg.): Handbuch Kinder und Medien. Wiesbaden: Springer VS, S. 153 .

FLIMMO: Fachportal für Medienerziehung. Handlungsleitende Themen – worauf Kinder gucken. Zugriff am 04.03.17. Verfügbar unter: http://www.flimmo-fachportal.de/index.php?page=2&statID=38&navID=160.

Götz, Maya (2013): Warum sich so wenig bei den Geschlechter stereotypen bewegt und bewegen wird. In: Und tägliche grüßt das Stereotyp, 02/2013. S.59-63.

Götz, Maya (2014a): Die Konstruktion von Geschlecht. In: Tillmann, Angela/ Fleischer, Sandra/Hugger, Kai-Uwe (Hrsg.): Handbuch Kinder und Medien. Wiesbaden: Springer VS.

Götz, Maya (2014b). TV Hero(in)es of Boys and Girls. Reception Studies of Favourite Characters. Frankfurt am Main: Peter Lang.

Hajok, Daniel (2013): Die Zugänge haben sich verändert- die Bedeutung ist geblieben, In: Jugend und Musik, 01/2013. S.80-86.

Harring, Marius (2015^8). Sozialisation in der Lebensphase Jugend In: Klaus, Hurrelmann /Bauer, Ulrich/Grundmann, Matthias/ Walper, Sabine (Hrsg.): Handbuch Sozialisationsforschung. Weinheim und Basel: Beltz Verlag. S.850.

Hurrelmann, Klaus / Bauer, Ullrich (2015^{11}). Einführung in die Sozialisationstheorie. Das Modell der produktiven Realitätsverarbeitung. Weinheim und Basel: Beltz Verlag.

Hurrelmann, Klaus /Quenzel, Gudrun (2016^{13}). Lebensphase Jugend. Eine Einführung in die sozialwissenschaftliche Jugendforschung. Weinheim Basel: Beltz Juventa.

JIM-Studie 2016. Jugend, Information, (Multi-) Media. Medienpädagogischer Forschungsverbund Südwest.

KIM-Studie 2014. Kinder + Medien, Computer+ Internet. Medienpädagogischer Forschungsverbund Südwest.

Süss, Daniel/ Lampert, Claudia / Wijnen, W. Christine (2013). Medienpädagogik. Ein Studienbuch zur Einführung. Wiesbaden: Springer VS.

Vom- Orde, Heike (2013): Eine Zusammenfassung aktueller Forschungsergebnisse. In: Geschlechterbilder in den Medien, 02/2013, S.11-15.

Weber, Matthias (2015). Der soziale Rezipient. Medienrezeption als gemeinschaftliche Identitätsarbeit in Freundeskreisen Jugendlicher. Wiesbaden: Springer VS.

BEI GRIN MACHT SICH IHR WISSEN BEZAHLT

- Wir veröffentlichen Ihre Hausarbeit, Bachelor- und Masterarbeit

- Ihr eigenes eBook und Buch - weltweit in allen wichtigen Shops

- Verdienen Sie an jedem Verkauf

Jetzt bei www.GRIN.com hochladen und kostenlos publizieren